DÉFENSE

PERSONNELLE

DU RÉDACTEUR

DE L'ABEILLE DE LA MOSELLE,

Devant le Tribunal de Police Correctionnelle de Metz, à son audience du 25 septembre 1822.

Prix : 3o cent. Franco, 35 cent.

A MÉTZ,

Chez { les Frères Husson, place d'Armes, n°. 6;
{ Devilly, libraire, rue du Petit-Paris;

Et au Bureau de l'Abeille, rue du Palais, n°. 10.

1822.

METZ, DE L'IMPRIMERIE DE C. LAMORT.

DÉFENSE PERSONNELLE

DU RÉDACTEUR

DE L'ABEILLE DE LA MOSELLE,

*Devant le Tribunal de Police Correctionnelle de
Metz, à son audience du 25 septembre 1822.*

MESSIEURS,

Je me présente devant vous, sous le poids de
l'accusation la plus grave, celle d'avoir excité les
citoyens à la haine et au mépris du gouvernement
du roi, et diffamé les autorités d'un département.
Plus j'examine cette accusation, moins il m'est possible d'apercevoir sur quelle base elle est fondée.

Un article publié dans l'*Abeille* du 3 septembre
en est le prétexte.

Mais je ne suis ni l'auteur de cet article, qui est
extrait d'un journal de la capitale, ni l'éditeur responsable de l'Abeille.

Sur quelle base est donc fondée l'accusation?

Elle résulte, dit-on, de la déclaration de M.
Lamort, et de l'aveu que j'ai fait, dans mon in-
terrogatoire, d'avoir offert cet article à l'insertion?

Mais la législation sur la presse périodique se
contente de la responsabilité d'un seul éditeur, et
ne poursuit l'auteur que quand celui-ci est connu.

Or il est évident que je ne suis pas l'auteur de
l'article, et que par conséquent je ne puis être
poursuivi comme tel. Il est encore plus évident que

1*

je ne puis l'être comme éditeur responsable, puisqu'une autre personne se présente revêtue de cette qualité. Sur quelle base, Messieurs, est donc fondée l'accusation?

Comment se fait-il que l'auteur de l'article incriminé soit exempt de toute prévention, et que moi, je me trouve substitué en son lieu et place pour un prétendu délit qui n'est pas le mien?

Cette singularité (l'expression vous paraîtra modérée, Messieurs), cette singularité, dis je, jusqu'à une époque peu reculée, ne s'était jamais présentée dans la poursuite des délits de la presse

Et remarquez, Messieurs, que, lors même que le journal dont l'article est extrait serait poursuivi, l'auteur de cet article se trouverait encore à l'abri, placé derrière son éditeur responsable.

Par quelle étrange inconséquence me trouvé-je sur le banc des accusés? et sur quelle base est donc fondée l'accusation?

Mon aveu ne prouve rien contre moi, la loi ne poursuit que l'auteur et l'éditeur responsable, et je ne suis ni l'un ni l'autre. Prétendre le contraire serait se montrer plus sévère que la loi elle-même; et personne, que je sache, ne s'est encore avisé d'en trouver les dispositions trop modérées.

Mais, dira-t-on, il y a peu de générosité à rejeter ainsi sur un autre tout le poids d'une prévention que vous êtes appelé à partager avec lui.

Ah! Messieurs, que ne m'a-t-il été possible d'attirer sur moi seul la responsabilité qui pèse sur M. Lamort; avec quelle joie j'accepterais la totalité des charges! Alors la crainte de nuire à un autre ne m'empêcherait plus de donner à mes moyens de défense tous les développemens dont je les crois susceptibles.

Mais sa qualité d'éditeur responsable le mettant à la place où je voudrais être, et m'assignant, dans cette circonstance, un rôle forcément secondaire, peut on me blâmer de vouloir échapper à une responsabilité que la loi n'a point voulu me donner, et dont je me chargerais inutilement pour lui?

Jusqu'ici, Messieurs, je n'ai raisonné que dans l'hypothèse où l'article poursuivi serait criminel ; et je crois vous avoir démontré que, quelle que soit à cet égard votre opinion, je n'en suis nullement responsable, d'après la loi, puisque deux conditions essentielles me manquent pour cela : la qualité d'auteur ou celle d'éditeur.

Il est possible que l'on m'objecte que l'intention peut être plus répréhensible que l'article lui-même, et que c'est l'intention que l'on poursuit plus spécialement dans cette circonstance. Si l'intention seule fait le délit (je raisonne toujours d'après la donnée que l'article serait coupable), si l'intention, dis-je, constitue seule le délit, il ne me sera pas difficile de démontrer que, sous ce point de vue, la bonne foi a été mon guide comme celui de M. Lamort.

Je crois nécessaire, pour cela, de vous donner quelques explications sur notre conduite dans cette circonstance, et dans tout ce qui a trait à la publication de l'Abeille.

M. Lamort est entièrement étranger à la rédaction de ce journal, et a pris la qualité d'éditeur responsable seulement pour satisfaire à la loi, qui ne demande à la presse périodique que la garantie d'une seule personne.

Du reste il se repose entièrement sur moi du soin de la rédaction, et n'a souvent connaissance des articles insérés dans l'Abeille, qu'en en lisant l'épreuve ; encore arrive-t-il fréquemment que ses occupations ne lui permettent pas cette lecture, qui est toujours rapide et relative aux seules fautes typographiques, qui peuvent se rencontrer dans la composition du journal.

La tendance criminelle de l'article (car je raisonne toujours dans la même hypothèse) a donc pu
lui échapper, et sa bonne foi était entière, puisque
sa confiance en moi éloignait de lui toute idée d'é-
tourderie ou d'irréflexion de ma part dans l'insertion de cet article.

La même bonne foi, que j'invoquais tout à l'heure
à son égard, me guidait lorsque j'ai fait insérer
cet article dans l'Abeille. Il ne me sera pas plus difficile de prouver l'une que l'autre.

L'échauffourée des deux escadrons de Colmar
occupait tous les esprits ; chacun raisonnait à sa
manière sur un fait jusqu'alors inoui, et dont il
nous était réservé de voir le premier exemple.

On ne pouvait croire à la réalité de pareilles ma-
nœuvres, bien que les journaux ministériels les
avouassent et en fissent gloire. Cette incertitude faisait naturellement désirer de connaître les circonstances détaillées de ce mémorable événement.

L'ouvrage de M. Kœchlin paraît ; mais, enlevé
par la curiosité publique, aussitôt son arrivée à
Metz, il m'est impossible de m'en procurer un
seul exemplaire.

Sur ces entrefaites, un journal de Paris rend
compte de cette brochure ; et, remarquant que son
article est presque tout entier en citations, je crois
pouvoir le publier, puisqu'il ne contient que des
expressions avouées par un député connu pour la
loyauté de ses sentimens.

Telles sont les seules réflexions que m'ait sug-
gérées la lecture de cet article que je donnai im-
médiatement au compositeur, mais qui fut retardé
par la publication forcée d'annonces et avis qui
se trouvent à la fin de chaque n°. de l'Abeille.

Pendant l'intervalle qui s'écoule entre la remise
de cet article au compositeur et sa publication,

aucun renseignement ne m'apprend que le journal
dont il est extrait, ni même la brochure de M. Kœchlin, soient déférés aux tribunaux. N'est-il pas
naturel d'en conclure que l'autorité n'y trouve rien
de répréhensible, et que je puis, avec toute sécurité, le livrer à l'impression. Ce n'est que pos-
térieurement à la publication de cet article, que
j'apprends, par les journaux, que la brochure de
M. Kœchlin vient d'être saisie ; mais rien ne m'in-
dique que le journal d'où j'ai tiré l'article soit l'objet d'une mesure préventive, et ma sécurité n'est
pas détruite. Elle ne l'est enfin que par le mandat
de comparution dont les résultats sont notre pré-
sence devant le tribunal.

Que conclure de ce que je viens de dire, Messieurs? si ce n'est que la bonne foi la plus entière
a présidé à la conduite de M. Lamort et à la
mienne ; et qu'en tout état de cause, notre intention n'a pu être d'exciter les citoyens à la haine
et au mépris du gouvernement du roi, et de diffa-
mer des autorités.

Après vous avoir prouvé que je ne puis être
poursuivi que comme auteur de l'article ou comme
éditeur responsable du journal, il est, je crois, utile
de vous démontrer subsidiairement que, si j'échappe
à la responsabilité légale, la responsabilité morale
ne m'atteint pas davantage.

Il est nécessaire pour cela que je me substitue
quelquefois à la place de M. Kœchlin ou du rédac-
teur de l'article, et je supplie le tribunal de ne
point perdre de vue la différence de position où ces
Messieurs et moi, nous nous trouvons réciproque-
ment.

Que ne puis-je, en m'identifiant un instant avec
eux, leur dérober aussi leur talent ; l'accusation
s'anéantirait bientôt devant la logique éclairée de
l'un et la courageuse franchise de l'autre.

J'avoue qu'il serait possible qu'à une première
lecture, je n'eusse point remarqué la tendance criminelle qu'il plaît au ministère public de recon-
naître dans l'article, et que je ne pusse que gémir
aujourd'hui sur les suites de mon étourderie. Mais,
Messieurs, lorsque des poursuites dirigées contre
nous nous eurent appris que cet article était l'objet
d'une grave prévention, je le relus avec toute l'at-
tention dont je suis capable, et je me fis, pour la
première fois, cette question que je me suis tant
de fois répétée depuis : sur quelle base est donc
fondée l'accusation ?

En effet, Messieurs, que remarque-t-on dans
l'article incriminé ? le récit de faits qui ne sont con-
testés par personne, qui sont de notoriété publique,
et à l'apologie desquels l'immuable Moniteur a
consacré l'une de ses immenses colonnes ; de faits
dont les auteurs, enfin, ont été récompensés par
des grades, des décorations, et qui plus est par de
l'argent.

Permis à quelques hommes de ne voir, dans
ce triste événement, qu'une gentillesse, une ruse
adroite, ou même une victoire mémorable. Qu'ils
se livrent aux joies du triomphe ; je ne leur envie
point leurs funèbres lauriers : d'autres sentimens
m'animent ; et, loin d'applaudir à la conduite des
autorités du Haut-Rhin, j'ai senti l'amertume des-
cendre dans mon cœur, lorsque j'ai vu quelle fu-
neste direction on donnait au noble métier des armes, et quelles victoires le soldat français était
appelé à remporter.

Ces faits, il est vrai, sont, dans l'article, accom-
pagnés de réflexions sévères ; mais, à moins de prétendre que, dès que le Moniteur a fait l'éloge de
quelques actes du gouvernement, il faille contrain-
dre sa raison à les admirer, et croire comme articles

de foi toutes les arguties ministérielles ; il me semble qu'on n'est pas coupable pour n'avoir pas approuvé les mesures prises par les autorités du Haut-Rhin, à l'époque des 2 et 3 juillet.

Au reste, la censure des actes de l'autorité résulte explicitement de la Charte et de la loi du 25 mars 1822, qu'on n'accusera pas de laisser une trop grande latitude à l'écrivain politique.

Or, si j'ai le droit de censurer les actes de l'autorité, que peut-on me reprocher lorsque j'use de ce droit, et qu'on ne peut me contester la véracité des faits sur lesquels s'est exercée ma censure ?

Ces faits m'ont paru répréhensibles, et j'ai usé de mon droit en les qualifiant tels.

Quel délit ai-je donc pu commettre en usant d'un droit que me reconnaît la Charte et que me garantit la dernière loi sur la presse ?

Ce droit, me dira-t-on, ne vous est pas contesté : et le délit qu'on vous reproche ne porte que sur la manière dont vous avez exercé votre censure ; enfin sur les expressions outrageantes dont vous vous êtes servi envers l'autorité. D'un autre côté cette censure amère tend à déconsidérer les actes du gouvernement, et, par conséquent, à lui attirer la haine et le mépris.

Il y a nécessairement contradiction entre le droit qu'on m'accorde et le reproche qu'on me fait.

Si les actes du gouvernement, et, par gouvernement, j'entends les agens responsables ; si ces actes, dis je, sont de nature à exciter ma censure ; si j'y vois, je ne dirai pas un but, mais des conséquences désastreuses pour ma patrie, le blâme, ou toute autre espèce d'improbation qui en résultera dans l'opinion publique, ne pourra m'être attribué ; mes réflexions n'en auront été que la cause secondaire, et il retombera tout entier sur les actes qui auront provoqué ces réflexions.

Prétend-on soutenir que ces actes ne sont point blâmables? J'accorde qu'ils peuvent paraître tels à quelques individus ; mais suis-je obligé de me conformer à leur opinion; et de me borner, comme eux, à poursuivre, sans péril, des actes dont les auteurs n'existent plus, ou sont privés des moyens de se défendre?

Et, serait-il même démontré que ces actes sont hors de toute atteinte de la part de la critique, de quoi serais-je donc coupable, Messieurs? d'une simple erreur de jugement; et je ne sache pas qu'aucune loi punisse un homme pour avoir mal raisonné, ou seulement raisonné dans un sens contraire à l'opinion du pouvoir.

Nous ne sommes plus à cette époque de ténèbres où le sanhédrin de la déraison, l'extravagante Sorbonne, condamnait le Bélisaire à être brûlé de la main du bourreau, où Galilée était contraint, par arrêt de la sainte Inquisition, à abjurer son génie qui lui révélait le mouvement de la terre, et condamné à expier, dans un cachot, le crime d'avoir une autre opinion que celle de ses contemporains superstitieux.

Est-ce par des poursuites judiciaires qu'on parviendra à justifier les autorités du Haut-Rhin? une condamnation sera-t-elle leur seule réponse aux argumens qui ont blâmé leurs actes? et suffira-t-il d'être associé au pouvoir pour décliner dédaigneusement la compétence de l'opinion publique; et, d'accusé qu'on se trouve, se mettre orgueilleusement au rang des accusateurs?

Cette conduite ne ressemble-t-elle pas un peu à celle du loup, dans la fable du Bonhomme, qui ne l'était pas toujours, et qui cependant n'a jamais paru devant le tribunal de police correctionnelle?

Serait-il donc vrai, Messieurs, que, sous le gouvernement représentatif, comme sous le ministère despotique de Richelieu ou de Mazarin, la devise du pouvoir fût encore celle-ci :

La raison du plus fort est toujours la meilleure ?

Non, Messieurs, continuerait M. Kœchlin, ce n'est point par des condamnations ; ce n'est point en repoussant une accusation par une autre accusation que les autorités du Haut-Rhin justifieront leur conduite à la face de la France qui, tout entière, a les yeux sur elles : une enquête solennelle pourrait seule atteindre ce but.

La repousser cette enquête, n'est-ce pas autoriser toutes les conjectures ? n'est-ce pas avouer tacitement qu'on en redoute les résultats ?

Et, lorsqu'on se refuse à toute investigation, au moyen le plus sûr de se réhabiliter dans l'opinion publique, est-on bien fondé à se prétendre calomnié ?

Un homme, dont l'autorité ne sera point contestée dans cette enceinte, M. Peyronnet, garde des sceaux, a dit (Moniteur du 19 juillet 1822.): *Nous accordons qu'il serait révoltant d'exhorter au crime, pour se ménager la cruelle satisfaction de le punir.* Et ce qui paraît révoltant à un ministre, au chef suprême de la justice, il ne me sera pas permis de le croire tel et de le dire !

Un autre personnage, dont le nom ne vous sera pas plus suspect que celui que je viens de prononcer, M. de Labourdonnaye a dit aussi, dans la séance du 5 août 1822 : *Pourquoi ce qui serait si coupable, lorsqu'il s'agirait de simples citoyens, cesserait-il de l'être, deviendrait-il, selon vous, un devoir, lorsqu'il est question d'hommes que leurs fonctions éminentes placent à la tête d'une opinion politique ?*

Eh bien! Messieurs, ma justification tout entière se trouve dans ces paroles sorties de la bouche
d'un ministre et d'un député. Leurs principes sont
les miens dans cette circonstance : la condamnation
qui m'atteindrait, ne s'arrêterait point sur moi
seul; elle irait frapper beaucoup plus haut.

Elle frapperait également les 132 citoyens qui
ont porté dans le sanctuaire de la législature l'expression de leurs plaintes sur les maux auxquels
l'autorité locale les a exposés, et auxquels ils n'ont
échappé que par miracle.

Je vous ai, je crois, démontré que j'ai pu lé-
galement censurer les actes des autorités du Haut-
Rhin, et que, si ma censure a pu exciter contre
elles un sentiment de blâme, ce sentiment est moins
le résultat de mes réflexions que celui de leur pro-
pre conduite.

Cependant un autre chef d'accusation repose sur
les expressions dont je me suis servi.

Mais ces expressions étaient les seules que je
pusse employer pour exprimer les sentimens qui
m'animaient, et que la loi m'accordait le droit de
manifester publiquement.

Si j'en eusse employé d'autres, je n'aurais point
dit ce que je voulais dire, et ma pensée eût été entièrement dénaturée.

La langue française est-elle donc tellement accom-
modante qu'elle puisse fournir à volonté, pour exprimer les mêmes idées, des mots dont les uns seraient coupables et les autres innocens? Dans quel
dictionnaire se trouvent ces deux catégories? Quelle
grammaire me donnera des règles sûres pour dire
innocemment une vérité que d'autres expressions
rendraient criminelle?

Aucun grammairien, que je sache, n'a encore
essayé cette tâche difficile; et nous sommes réduits,

faute de mieux, à conserver et à employer les expressions dont se servaient Racine et Boileau, et
dont se servent également les écrivains monarchi-
ques et les écrivains constitutionnels.

Maizeray a pu dire impunément d'un des ayeux
de son souverain, de Louis XI, qu'il était mauvais
père, mauvais fils, maître ingrat, mari infidèle et
ami dangereux, et n'a point été traduit devant la
police correctionnelle.

Louis XI était mort, me dira-t-on, quand Maizeray écrivait ainsi ; il ne l'eût point fait du vivant
de ce prince. Cela peut être ; mais le blâmons-nous
de l'avoir dit ? et le trouverions-nous coupable, s'il
eût eu le noble courage de parler ainsi sous la ty-
rannie despotique de l'assassin d'Armagnac ? La vérité aurait-elle cessé d'être vérité pour avoir été
dite plutôt ? et ne faut-il pas au surplus que quel-
qu'un ait pris note des faits et gestes de Louis XI,
pour que Maizeray ait pu les puiser dans les écrivains contemporains ?

Serait-il donc vrai que, pour écrire l'histoire, il
fallût, aux risques de voir s'anéantir les preuves, attendre le trépas de ceux qui seraient intéressés à
ce que la vérité n'éclairât pas de son flambeau les
ténèbres dont elle est enveloppée ?

Ou bien, adoptant de modernes principes, fau-
drait-il écrire avec la *partialité historique* dont M.
le chevalier de Lacretelle a fourni à la fois le pré-
cepte et l'exemple ?

Non, un député, un publiciste doit avoir le courage de dire hautement ce qu'il croit être la vérité ;
et sa devise, comme celle des anciens preux, doit
être : *Fais ce que dois, advienne que pourra.*

Tels sont, Messieurs, les argumens que je vous
offrirais, si j'eusse été l'auteur de l'article ou de la
brochure dont il est extrait. Je ne doute pas que,

présentés avec le talent des personnes à la place desquelles je me suis mis un instant, ils n'eussent fait une vive impression sur vos esprits, et qu'un honorable acquittement n'en fût le résultat immédiat.

Mais, Messieurs, ma position est bien plus favorable encore : je ne suis pas l'auteur de l'article, qui n'est pas si criminel qu'on veut bien le représenter, puisque, publié sous les yeux du gouvernement, il n'est pas poursuivi par le ministère public de la capitale.

Et qu'on ne vienne pas dire que ce soit négligence de sa part. Non, Messieurs, les nombreux réquisitoires qui atteignent chaque jour les écrivains politiques de la capitale, qui ont frappé jusqu'à l'Horace français, l'Anacréon de la gloire nationale, notre Béranger enfin, n'attestent rien moins que l'active vigilance des magistrats chargés des fonctions du ministère public.

Oui, Messieurs, vous le reconnaîtrez avec moi; il n'y a point de délit, puisque l'auteur de l'article n'est point poursuivi, et que tous les antécédens constatent qu'il l'eût infailliblement été, si cet article eût été reconnu criminel par le gouvernement. Sans délit, point de complice, sans délit ni complice, point de coupable.

Vous pouviez être, pourra-t-on me dire, dans la persuasion que cet article ne pouvait être poursuivi à Metz, puisqu'il ne l'était point à Paris, et que vous avez eu un délai suffisant pour présumer que le gouvernement n'y voyait rien de coupable; mais le délit est moins dans l'article lui-même que dans l'intention, dans le but que vous vous êtes proposé en le publiant.

Quel pourrait donc être ce but, Messieurs, si ce n'est celui que se propose tout journaliste qui cherche à rendre sa feuille intéressante?

Ce n'est pas là votre seul but, me dira-t-on encore ; vous en aviez un autre dans lequel gît toute la criminalité. Il est vrai, Messieurs, j'avais encore un autre but ; mais un but honorable, un but dont les motifs prenaient leur source dans ma gratitude pour la bienveillance avec laquelle les Messins et les autres habitans du département ont daigné accueillir mes faibles efforts pour le maintien des institutions constitutionnelles (1) . . . .

. . . .

En publiant cet article, je remplissais mon devoir, comme publiciste, envers mes abonnés qui se sont reposés sur moi du soin de les prévenir des circonstances qui peuvent les intéresser.

Ce même article pouvait encore avoir pour résultat de déjouer une conspiration réelle, si elle existait dans nos paisibles contrées, prévenus qu'en seraient les auteurs que toute tentative de leur part pourrait être regardée comme une épreuve administrative, et qu'ils n'auraient aucun secours à attendre de ceux dont ils essayeraient d'ébranler la fidélité.

Je me résume, Messieurs. Je crois vous avoir prouvé que la bonne foi avait présidé à la publication de l'article incriminé, tant de la part de de M. Lamort que de la mienne, puisque nous n'avons publié cet article que long-temps après que la brochure de M. Kœchlin et le compte rendu de cet ouvrage avaient paru, et cependant antérieurement à la saisie de la brochure ; que nous étions par conséquent dans la persuasion que l'autorité n'y trouvait rien de répréhensible, puisqu'elle ne faisait aucune poursuite à ce sujet.

Je crois également vous avoir démontré que l'ar-

(1) Suppression d'une censure amicale.

ticle en lui-même ne renferme rien que de vrai dans les faits, rien que de conséquent et de légal dans les réflexions qui en découlent; et qu'enfin son but était louable en lui-même, puisqu'il tendait à préserver mes concitoyens des événemens dont l'Alsace a failli devenir la victime;

Que, quant à moi, et quelle que soit votre opinion sur le mérite de l'article, j'échappe à toute responsabilité légale, puisque je ne suis ni auteur ni éditeur responsable, et que la loi ne poursuit que ces deux qualités.

Ces considérations, j'ose l'espérer, Messieurs, frapperont vos esprits, et, si notre acquittement n'est point encore sorti de votre bouche, votre conscience, la mienne me l'assure, oui, votre conscience sans doute l'a déjà prononcé.

Metz, le 25 septembre 1822.

Boquillon

12